SCHILLO
VERLAG

Hannah Buchholz

Dein Aufbruch ins Licht

Gedichte

Zur Erinnerung an Leni

18. April 2021

Seelenreise / zu den Sternen hin

Deine Seele fliegt
wohl über grüne Wälder
und bald Richtung Licht

19. April 2021

Du darfst gehen

Du bist alt und schwach.
Du hast dein Leben gelebt
und wir sind bei dir.

Fast dreiundneunzig –
nun kannst und darfst du gehen
und wir sind bei dir.

Dein Mann wartet schon
im Jenseits – er holt dich ab
– und wir lassen los.

19. April 2021

Dankbarkeit / Nur Liebe und Licht

Kein Maskenzirkus
hier an deinem Sterbebett.
Nur Liebe und Licht.

Kein Medikament
als ein bisschen Morphium.
Du dämmerst dahin

und machst dich bald auf
und davon. – Wir gehen mit –
so weit wir können

halten deine Hand –
und lassen dich dann gehen –
und so soll es sein.

19. April 2021

Haus aus Licht

Du stirbst zu Hause
doch dein Haus ist nicht mehr hier
sondern woanders

in einem Himmel
oder einem Haus aus Licht
in dem sie warten

dein Mann, die Eltern
so viele, die du liebtest
erwarten dich schon

auch die vier Kinder
die du verloren hattest
erwarten dich schon

sehnsüchtig, freudig.
Nein, dein Haus ist nicht mehr hier.
Es besteht – aus Licht.

19. April 2021

Vergänglichkeit / Auch du, mein Liebes –

So viele Tränen.
Ich streichle meinen Hund und denke
auch du wirst sterben –

vor mir, mein Liebes.
Dann streichle ich die Katze
und denke: auch du

wirst sterben, Liebes.
Ich berühre – uns alle –
und weiß schon: auch wir – – –

Doch unsere Zeit
ist noch längst nicht gekommen.
Zunächst einmal geht

die voran, die alt
und zu schwach geworden ist
um hier zu bleiben

unter uns, die wir
weinen und loslassen und
doch auch dankbar sind.

20. April 2021

Nur noch die Stille / Nur noch der Regen

Die Tränen fallen
– aus allen Wolken –

aus allen Zweigen
– und Blättern tropfen sie –

und nur die Stille
– fängt sie heute – auf. –

Wie der Himmel weint
um alles, was war –

und was nicht war

– bis eines Morgens

wieder das Licht der Sonne

zum Vorschein kommt –

und dann doch noch mehr Regen

fällt und fällt und

fällt. –

20. April 2021

Essen und Atmen

Du isst noch etwas
Kartoffelbrei und danach
ein Vanilleeis.

Dann schläfst du weiter
und dämmerst friedlich und still
dem Licht entgegen.

Alle sind bei dir
und wünschen dir ein sanftes
Ein- und Aus-Atmen.

20. April 2021

Dasein und Essen / Wärme und Kuchen

Du warst immer da
mit deiner Wärme und deinem
leckeren Essen.

„Hauptsach gudd gess!“ so
sagte man im Saarland – und
so sagtest auch du.

Wir wurden bekocht
als du noch kochen konntest
mit allen Speisen

die das Herz begehrt
und auch gebacken hast du
alles nur kein Brot

das buk der Opa
doch für den Kuchen warst du –
Leni – zuständig

und immer gab es
am Sonntag einen Kuchen
und selbst wochentags

war oft Kuchen da
Marmor – Streusel – Bienenstich
und Kaffee dazu.

Später brachten wir
dir dann den Kuchen vorbei
doch der ließ sich nicht

mit deinem messen
der nach alter Tradition
selbst gebacken war.

Den Frankfurter Kranz
hätte ich fast vergessen
aus deinem Ofen

und die Schlagsahne
natürlich selbst geschlagen
und all die Plätzchen

„Pläzscha“ sagtest du
so sagte man im Saarland
wo es schöner war

als hier in Bayern
und wo alles besser war
nur nicht: der Kuchen!

20. April 2021

Dasein und Erinnerung

Immer warst du da
und nun sind wir für dich da
und begleiten dich

so weit es nur geht –
und die Erinnerungen
– an dich, wie du warst –

– bleiben so lange –
oder so kurz wie wir selbst
und verblassen nicht!

20. April 2021

Himmel und Stimmen / Seltsam, zu glauben

Seltsam, zu glauben
du könntest diesen Himmel
nicht mehr erkennen.

Vielleicht siehst du mehr
als wir alle zusammen
in deinem Tiefschlaf

und hörst die Stimmen
der Menschen, die du liebtest
und immer noch liebst.

21. April 2021

So ein sanfter Tag / Bis das Licht erscheint

So ein sanfter Tag.
Ein guter Tag zum Sterben
– doch auch: zum Leben –

– in diesem Regen –
der nun fällt und fällt und fällt
bis das Licht erscheint! –

21. April 2021

Die Sonne geht auf! / Noch heißt es: warten

Die Sonne geht auf
und ich weiß nicht bist du da
oder doch schon fort?

Ich will nicht stören.
Deshalb rufe ich nicht an.
Es ist noch zu früh.

Vielleicht schlaft ihr noch.
Ziemlich sicher schlaft ihr noch.
Ich wecke euch nicht.

Noch heißt es: warten –
auf jene Nachricht, die ich
nicht hören möchte

und doch hören muss
heute, spätestens morgen
wird es soweit sein

vielleicht auch schon jetzt
oder war es schon soweit?
Die Sonne geht – auf!

21. April 2021

So weit / Bist du gegangen

Weißt du, wenn die Zeit
doch nicht linear verläuft
war es schon soweit

und zugleich auch nicht.
Niemals wird es soweit sein!
Sind wir schon soweit?

Bist du schon so weit
entfernt oder doch noch nicht?
Noch weiß ich es nicht.

Eigentlich bist du
schon längst von uns gegangen –
so weit, allzu weit

bist du gegangen
und doch liegst du dort im Bett
und wir sind noch da.

21. April 2021

Eine Pause

Was wünsche ich dir?
Wünsche ich dir nun den Tod
oder das Leben

ein neues Leben
in einem neuen Körper?
Die Wiedergeburt?

Ich kann dir weder
einen Tod noch ein Leben
wünschen, das mit Schmerz

verbunden sein wird –
wie jedes neue Leben
und jedes alte.

Ich wünsche dir nun
nur noch Ruhe und Frieden
und eine Pause.

21. April 2021

Vor deinem Abschied

Gestern sahst du aus
wie einem Jungbrunnen
entsprungen! So frisch –

rosig die Wangen
vom Fieber gerötet und
noch so rund und glatt

dass man kaum glauben
kann oder – möchte – dass du
so weit gegangen

bist und noch weiter –
und noch weiter gehen wirst –
– und immer weiter – – –

Gestern lagst du da –
und ich konnte kaum glauben
dass du bald fort bist!

Doch du bist noch hier
und gibst uns noch etwas Zeit
vor deinem Abschied. –

22. April 2021

Im Morgenblauen

Du hast es geschafft –
bist friedlich eingeschlafen
im Morgenblauen.

Nun bricht der Tag an –
der erste Tag ohne dich
und doch sind wir froh

dass du so friedlich
und sanft ausatmen durftest
im Morgenblauen.

22. April 2021

Lachen und Weinen / Kein Lachen, kein Leid

Gestern lachten wir
auf deiner Terrasse in
der Frühlingssonne

und weinten drinnen
an deinem Bett. Abwechselnd
Lachen und Weinen

– so ist das Leben. –
Kein Lachen, keine Tränen
so ist nur der Tod.

Ich glaube, dein Geist
schwebte lächelnd über uns
und sah uns lachen.

Immer wolltest du
uns alle glücklich sehen
und mit uns lachen!

Ich glaube, dein Geist
sah uns lachen und weinen
und fühlte mit uns.

22. April 2021

Nun entfernt er sich,
dein Geist. Kein Lachen, kein Leid
berühren ihn mehr –

und so soll es sein. –
Es ist so, wie es sein soll.
Kein Lachen, kein Leid

berühren dich mehr –
denn du bist nun im Frieden
von uns gegangen. –

22. April 2021

Friedlicher Morgen

Friedlich ausatmen.
Was hätten wir uns für dich
sonst wünschen sollen?

Nun füllt sich der Tag
mit rosaroten Wolken.
Ein Himbeerhimmel –

so zart: die Farben
und ein Gefühl des Friedens
senkt sich über uns.

23. April 2021

Im Meer dieser Zeit / In aller Stille

Dein Fluss floss ins Meer
wie all unsere Flüsse
einst ins Meer münden

ins Meer dieser Zeit
die sich dennoch weiterdreht
in aller Stille.

Vielleicht ist der Tod
doch nichts – als eine Welle
im Meer dieser Zeit.

23. April 2021

Ein letzter Gruß? / Doch kein letzter Gruß

Rosige Wolken
wie ein letzter Gruß von dir
um uns zu sagen

mir geht es gut hier.
Ich ruhe nun: in Frieden
und bin doch noch da

irgendwo im Weiß
und Rosarot der Wolken
wie im Himmel-Blau.

Hier findet ihr mich
wann immer ihr nach oben
in den Himmel seht!

Doch kein letzter Gruß.
Vielmehr: ein ewiger Gruß
– Tag für Tag für Tag. –

23. April 2021

Im Licht des Morgens

Unschuldig warst du.
Da gab es nichts zu richten
nichts zu verbessern

nichts glatt zu ziehen
oder gerade zu rücken.
Unschuldig warst du

wie ein Kind: auch noch
im hohen Alter. – So rein
war deine Seele

wie eine Wolke
und wie all diese Wolken –
die sich auflösen

im Blau des Himmels
und so löst auch du dich auf
und bist doch noch da

im Gold der Sonne
im Silbergrau des Regens –
im Licht des Morgens.

23. April 2021

Nur wer dich kannte –

Nur wer dich kannte
versteht wohl, was ich meine
wenn ich schreibe: du

warst so unschuldig
wie ein kleines Kind – auch noch
im hohen Alter!

Du hast uns vertraut
und du wusstest, wir sind da
wenn du uns verlässt.

Du hast gewartet
bis wir alle da waren
all deine Kinder

all deine Enkel
durften sich verabschieden
von dir, die du so

lang und geduldig
wartetest bis wir alle
loslassen konnten. –

23. April 2021

Und nun bist du frei –

Und nun bist du frei –
von allem, was dich aufhielt!
Endlich bist du frei.

Und nun bin ich froh –
dass du endlich frei sein kannst!
Endlich, endlich: frei!

Und nun gibt es nichts –
das ich noch schreiben könnte –
als: nun bist du frei!

23. April 2021

Am Ende –

verblasst diese Welt
doch nur: die äußere Welt.
Die innere wächst

dem Licht entgegen
und jenen, die erscheinen
aus dem Licht heraus.

Geliebte Wesen
stehen – in Licht getaucht – da
und führen uns – fort – – –

hin zu diesem Licht
in das der dunkle Tunnel
am Ende – mündet.

Immer mehr Wesen
stehen nun in diesem Licht
und erwarten uns.

Am Ende verblasst
die äußere Welt und eilt
dem Licht – entgegen.

24. April 2021

Heller als das Licht?

Kannst du dir etwas
noch Helleres vorstellen
als diese Sonne?

Da muss etwas sein –
das noch sehr viel heller scheint
und noch viel wärmer

und bisher wollte
noch niemand zurückkehren
um zu berichten.

Doch manche wurden
zurückgerufen, zurück –
in diesen Tunnel

in ihren Körper –
und berichteten vom Licht
das unvorstellbar

hell und strahlend schien.
Ein Licht aus reiner Liebe
und Wohlbefinden

24. April 2021

heller als das Licht
das man hier auf Erden kennt
und die Sonne nennt.

Kannst du dir etwas
noch Helleres vorstellen
als diese Sonne?

Nein, ich kann es nicht.
Und doch: da muss etwas sein
und ich bin gespannt

auf dieses eine
und ultimative Licht
das uns erwartet!

25. April 2021

Morgen am See

Zögerlich: das Licht.
Der Himmel hält sich bedeckt.
Alles scheint möglich.

Da taucht die Sonne
zwischen all den Wolken auf –
streift die Szenerie

– streift mein Notizbuch –
streift meine Kaffeetasse
– die Bäume, den See –

verschwindet wieder.
Doch sie hat auch mich gestreift
mit einer Ahnung.

Alles ist möglich
und alles kann geschehen –
bis zum Wolkenbruch!

25. April 2021

Zur Ruhe kommen / Zwischen dir und ihr

für T.

Ein stiller Morgen.
Du liegst im Bett, ruhst dich aus
von den Strapazen

der letzten Tage
und der endlosen Nächte
am Rande zwischen

Leben und Sterben
derer, die dich geboren
hat, die dein All war

neun Monate lang
die dich behütet und die dich
sehr gut genährt hat

die für dich da war
und die dich tief geliebt hat
und von dir geliebt

wurde und noch wird.
Die Liebe kennt kein Ende.
Nun ruhst du dich aus

und deine Liebe
bleibt immer noch spürbar: als
unsichtbares Band

zwischen dir und ihr
zwischen dir und dem Jenseits
in dem sie nun ruht.

25. April 2021

Etwas umgibt dich

Etwas umgibt dich.
Ein unsichtbarer Zauber
aus Stille und Licht.

25. April 2021

Geteilte Wärme

Schmerzende Schultern
doch die Anspannung löst sich
sanft und leise auf

wenn du mich umarmst
mit deinen warmen Händen
die mich berühren.

Das Gewicht der Welt
gleitet von meinen Schultern
wenn du mich umfängst

mit deiner Wärme
die die deine und doch auch
ihre Wärme ist

die sie dir mitgab
auf deinem Weg in die Welt
und die du nun teilst.

Ihre Fürsorge
gibst du mit warmen Händen
weiter und weiter.

25. April 2021

Geräuschkulisse und Stille / Hörst du, wie das Licht –

Die Bäume rauschen.
Die Tannennadeln rascheln.
Ein Eichhörnchen huscht –

raschelnd durch den Baum.
Die Vögel trällern ihr Lied.
Das Licht stimmt mit ein.

Hörst du, wie das Licht
in jedes Lied mit einstimmt
wie in die Stille?

So stimmt auch der Tod
mit ein: in diesem Frühling
in unser Leben.

Alles scheint stimmig
und fügt sich ineinander.
Das Unglück ins Glück

das Glück ins Unglück.
Die Stille in jedes Lied
– und andersherum. –

25. April 2021

So kommt es, dass wir
im Stillen auch die Stimmen
der Toten hören

die doch noch da sind
im Stillen wie auch im Lied
das der Frühling singt!

26. April 2021

In Anbetracht des Todes

Ich denke, der Tod
will nicht totgeschwiegen
– sondern beleuchtet werden.

Der Tod ist ein Freund
der vorbeikommt, wann er will.
Makaber, denkst du?

Der Tod ist nicht makaber.
Der Tod ist ein Freund –
der vorbeikommt, wann es ihm

passt und gefällt.
Manchmal wartet er –
und machmal wartet er nicht.

Der Tod ist jemand
der uns alle erwartet.
Wie könnten wir ihn also

einfach totschweigen?
Der Tod ist ein Freund
der gewürdigt werden will –

in diesem Leben!

26. April 2021

Makaber ist es
den Tod auszublenden
– und dann überrascht –

und bestürzt zu sein –
und unvorbereitet
und fassungslos zu gehen –

aus diesem Leben.

Makaber ist nicht
der Tod an sich – der doch oft
genug an unsere Tür klopft –

mal leise, mal laut –

und uns daran erinnert –
dass unser Leben

unendlich kostbar

– und doch endlich ist.

26. April 2021

Wo kämen wir hin ?

Der Tod ist ein Licht
das auf unser Leben fällt
und es kostbar macht

und erstrahlen lässt. –

Wo kämen wir hin –
wenn wir unendlich lange
auf dieser Erde weilten?

Wo kämen wir hin – ?

Und wüssten wir
dieses Leben zu schätzen
wenn wir nicht wüssten –

dass es endlich ist?

Der Tod ist ein Freund –
der uns zuruft:
Genießt

dieses fragile Leben –

so lange es geht! –

27. April 2021

Als wir uns trafen / Von Mutter zu Mutter / Damals und heute

I

Als wir uns damals
zum ersten Mal trafen
da sagtest du nicht
zu deinem Sohn –
Was soll das?
– Schon wieder
eine Frau mit Kind!

Du sagtest zu mir:
Wie süß, dein Kleiner!
Und: Darf ich ihn mal halten?

Und so geschah es
als wir uns damals trafen –
von Frau zu Frau
und von Mutter zu Mutter
dass mein Sohn sogleich
dein Enkelkind wurde –

denn dein Herz
war so offen
wie deine Arme. –

II

Selbstverständlich?
Nein.
Denn du warst streng katholisch –
doch streng warst du nicht.

Du warst liebevoll
und offen –
vom ersten Moment an.

Und so kam es, dass
wir eine Familie wurden –
deine Familie –
noch ehe die anderen Kinder
das Licht der Welt erblickten. –

Und heute
zwei Jahrzehnte später
stehen wir alle
hier an deinem Grab
und weinen um dich
die Mutter und Großmutter
und die mütterliche Frau
die du für uns warst
und denken an dich
mit Dankbarkeit
und Liebe –

27. April 2021

hier – wo alles blüht
wie deine Liebe
aufblühte und blühte

– als wir uns trafen. –

27. April 2021

Vollmond und Verschwinden / Im Milchstraßen-licht

Dieser große Schmerz
wenn jemand verschwindet – doch
dann: dieser Frieden

der sich auf einmal
über mich herabsenkt wie
ein Himmels-Zeichen.

Wie der Vollmond, der
nun nicht mehr zu sehen ist,
doch die Nacht erhellt!

Er verschwand wie du
und ist doch nicht verschwunden
sondern gesunken

hinter die Dächer –
sein Licht aber leuchtet und
erhellt diese Nacht!

Im Milchstraßenlicht
ist der Schmerz nun verschwunden
wie der Mond und du!

27. April 2021

Vor dem Verschwinden / Nach dem Verschwinden / Wo immer ihr seid

Der Schmerz kam so schnell
und unerwartet wie er
dann wieder verschwand. –

Ich nahm ihn vorweg –
und weinte um dich – ehe
du verschwunden warst. –

Dann, als du fort warst
von uns, blieb dieser Frieden
wie ein Vermächtnis –

wie ein Testament –
so als hättest du verfügt:
Seid friedlich und still. –

Seht in den Himmel.
Seht die Sonne, seht den Mond.
Seht ihr Verschwinden –

und seht, wie sie dann
alsbald wieder auftauchen –
hinter den Dächern –

27. April 2021

hinter den Bergen –
hinter den Bäumen oder
hinter den Hügeln. –

Wo immer ihr seid –
werdet ihr sie erkennen
und mich in ihnen. –

27. April 2021

Über dies' Blühen / Dein Weg war gesäumt / In jeder Blume

Gestern gingen wir
hinter dir her auf deinem
allerletzten Weg

über den Friedhof
auf dem die Blumen blühten
und alles blühte

die Freude, der Schmerz
doch vor allem die Freude
über dies Blühen –

gerade dort, wo
die Toten ein Zuhause
haben – wie der Schmerz.

In jeder Blume
blüht die Freude, blüht der Schmerz
blüht die Endlichkeit.

In jeder Blume
blüht auch die Erinnerung
an alle Blumen.

27. April 2021

Du liebtest Blumen
vor allem: Wiesenblumen
wie die am Wegrand.

Dein Weg war gesäumt
und ist gesäumt: von Blumen
die alle blühen! –

27. April 2021

Die Engel lächeln / Über dies‘ Blühen

Gestern gingen wir
hinter dir her – und wussten:
hier bist du nicht mehr.

Allenfalls: oben
– über dieser Szenerie –
schwebtest du: lächelnd –

über dies‘ Blühen –
und über uns, die wir nun
lachten und weinten –

wie nur wir Menschen
lachen und weinen können.
Die Engel lächeln.

27. April 2021

Doch erst im Frühling

Als dein Mann starb, fiel
ein Eisregen nieder – fiel
auf diesen Friedhof

und wir schoben dich
im Rollstuhl hinter ihm her
– warm, warm eingepackt –

und doch war dir kalt
und ich friere immer noch
bei dem Gedanken

an dich – wie du frorst!
Nun bist auch du gegangen.
Nun frierst du nicht mehr. –

Du bist im Frühling
von uns gegangen, du bist
deinem Mann gefolgt –

doch erst im Frühling
als alle Blumen blühten
und die Kälte – wich. –

27. April 2021

Alles, alles blüht / Wo wir euch finden

Als dein geliebter
Mann starb, war es kalt, so kalt
auf diesem Friedhof. –

Nun folgtest du ihm –
und alle Blumen blühen. –
Nun seid ihr vereint –

in diesem Blühen –
und unter all den Blumen
befindet ihr euch.

Wo wir euch finden
herrscht nun keine Kälte mehr.
Alles, alles blüht –

die Freude, der Schmerz –
und die Erinnerungen
an euer Blühen! –

27. April 2021

Sprich zu den Toten / Gerade, wenn es still wird –

Sprich zu den Toten
und nicht über die Toten.
Sie hören dir zu. –

Sprich ihnen vom Licht!
Nenn sie bei ihren Namen.
Sie hören uns zu –

und sprechen zu uns
gerade, wenn es still wird
und nur das Licht – spricht.

27. April 2021

Schönheit und Fülle / Echte Schönheit

Eitel warst du nie.
Kein Jugendwahn, kein Versuch
dünner zu werden!

„Die gute Butter“
war deine Seelennahrung,
der Kuchen, die Wurst

der Kaffee, das Bier.
Eitel warst du wirklich nicht –
und doch warst du schön!

Nicht nur die Seele –
nicht nur deine Seele war
wohlgenährt und schön –

genährt mit Worten –
den Worten aus der Bibel –
nein, auch dein Körper

ja, auch dein Körper –
war schön in seiner Fülle,
schön wie dein Gesicht

das du eincremtest
mit der Niveacreme
aus Kindertagen.

Schön war dein Lächeln
schön waren deine Augen
hinter der Brille –

ungeschminkt und klar –
kritisch und skeptisch dein Blick
zuweilen – doch warm

wie auch dein Lächeln
über uns, die wir alle –
jung bleiben wollen –

jung und möglichst dünn.
Vergesst es, sagte dein Blick,
sagte dein Lächeln –

wenn du den Kuchen
mit Schlagsahne verziertest.
Vergesst es – und esst –

27. April 2021

was ich euch koche
und backe – und serviere –
mit meiner Liebe! –

Eitel warst du nie!
Du warst mütterlich, warst warm –
natürlich und schön!

28. April 2021

Aus der Zeit gefallen / Aufgehoben in der Zeit

Du bist aus der Zeit
aus der Jetzt-Zeit gefallen –
und doch bist du da

in diesem Moment
aufgehoben in der Zeit
der Erinnerung.

28. April 2021

Morgen im Garten / Zwischen Frost und Blütenpracht

Der Apfelbaum blüht.
Er steht in voller Blüte
und vergisst den Frost.

Ich betrachte ihn
und weiß, er wird verblühen
doch heute blüht er.

So ist das Leben.
Zwischen Frost und Blütenpracht
liegt nur ein Windhauch.

Alles wandelt sich.
Meine Katze schleicht durchs Gras
und weiß nichts davon –

und doch spürt sie nun
den milden Hauch des Frühlings
und das ist genug. –

28. April 2021

So viele Blüten / Gelassenheit und Wandel / Im Laufe der Zeit

Du warst einfach da –
wie die Blüten, wie der Frost
die du so hinnahmst –

wie sie sich zeigten.
Gelassen nahmst du sie hin
wie jeden Wandel

jede Erscheinung
die sich zeigte und verschwand
im Laufe der Zeit. –

Du versuchtest nicht
die Blüten festzuhalten
und nicht: die Jugend –

oder den Frühling.
Du freutest dich am Frühling
an jeder Blüte –

28. April 2021

und doch wusstest du
dass sich nichts festhalten lässt
und nichts aufhalten. –

Du warst einfach da –
betrachtetest den Wandel
und wandeltest dich. –

Und nun verwandelst
du dich in eine Blüte
– in viele Blüten –

– so viele Blüten –
die aus der Erde sprießen
im Laufe der Zeit. –

28. April 2021

Aus dem Leben gegriffen / Ein Bild der Liebe / Aus dem letzten Winter

für Leni und Guido

Ihr zwei: Hand in Hand
auf dem Sofa – im Winter
und draußen fällt Schnee.

So bleibt ihr mir nun
in Erinnerung: ihr zwei –
– still und zufrieden –

– auf eurem Sofa –
Hand in Hand – in der Wärme
und draußen der Schnee.

29. April 2021

Dein Aufbruch ins Licht / Gegangen – ins Licht

Dein Aufbruch ins Licht
geschah so still und leise
so friedlich und leicht

wie die Sonne sinkt –
und dennoch schien die Sonne
in diesen Tagen

noch heller für die
die dich begleiten durften
auf dem Weg – ins Licht!

Es war ein Geschenk
dich begleiten zu dürfen
soweit es nur ging. –

Den Rest des Weges
bist du allein gegangen
gegangen – ins Licht

und wir wissen, wir
werden von dir erwartet
wenn es soweit ist. –

29. April 2021

Du dort im Schatten / Und du dort im Licht

Es gab eine Zeit
da stelltest du all dein Licht
unter den Scheffel.

Dennoch sah ich es.
Ein stilles und sanftes Licht
das von dir ausging.

Wie oft standest du
im Schatten deiner Lieben
die lauter waren –

und dramatischer
und umtriebiger als du –
du – dort im Schatten

in deiner Küche –
in der du die bekochtest
die dich nicht sahen.

Wolltest du denn nicht
gesehen werden? Vielleicht
wolltest du lieber

29. April 2021

nicht im Mittelpunkt
stehen – denn der Mittelpunkt
deiner Welt waren

die, die du liebtest.
Still und bescheiden standest
du dort im Schatten

in deiner Küche
und versorgtest die, die dein
Mittelpunkt waren.

Und doch warst du es –
das Zentrum der Familie
und ihr Mittelpunkt.

Du warst unser Licht –
auch wenn wir es nicht sahen
und warst das Zentrum

wie eine Sonne
um die die Sterne kreisen
kreisten wir: um dich –

29. April 2021

an manchen Tagen
blind für das Licht, das von dir
ausging – und das wir

doch spüren konnten
und das wir nun vermissen –
doch nicht entbehren –

da es noch da ist
und wir es doch noch spüren
denn Licht – vergeht – nicht.

29. April 2021

Blüten und Sterne

Bald wird es regnen.
Bald wird es Blüten regnen.
Die Sterne bleiben –

wie all die Worte
über die Vergänglichkeit
fallender Blüten.

Bald wird es regnen.
Die Blüten werden fallen.
Die Sterne bleiben.

30. April 2021

Dein wertvollster Schmuck / Dein wertvollster Schatz

All deine Ringe
trägt nun eine andere.
Nicht deine Töchter

nicht die Enkelin –
denn irgendjemand stahl dir
zuletzt deinen Schmuck.

Dein wertvollster Schmuck
dein Schatz aber bestand nicht
aus Silber und Gold –

und nicht aus Steinen.
Dein Schatz bestand aus dem Licht
in deinen Augen

und aus der Wärme
deiner Augen und Hände
mit denen du gabst –

allen alles gabst –
was du an Liebe hattest.
Dieser Schatz bleibt uns:

das unsichtbare
doch spürbare Geschmeide
aus Liebe und Licht. –

30. April 2021

Weiter getragen

Ich trage einen
unsichtbaren Ring von dir
aus Liebe und Licht –

an meinem Finger.
Ich trage eine Kette
ein paar Ohrringe –

alle unsichtbar.
Die Steine: Tropfen aus Licht
und Regentropfen

und Eiskristalle –
die auf meiner Haut schmelzen
und dennoch funkeln!

Ich trage alle
deine Schätze bei mir: hier
in meinem Herzen –

und trage alle
diese Schätze weiter – hier
in meinen Worten. –

30. April 2021

Regenbogenschmuck / Weiter getragen / Zwischen Regen und Licht

Dein Schmuck: ein Bogen –
eine Verbindung zwischen
Regen und Sonne.

Nun verteile ich
diesen Regenbogenschmuck
an alle, die ihn

gern tragen möchten.
Dies ist dein Erbe: der Schmuck
der unsichtbar bleibt

und dennoch funkelt
und glänzt: im Licht der Sonne
wie auch im Regen.

Dein Schatz: der Bogen
zwischen Diesseits und Jenseits
den du für uns spannst. –

Siehst du: nun trage
ich deine Schätze weiter –
hinaus – in die Welt. –

30. April 2021

Etwas ist vorbei / Es ist nur ein Buch

Etwas ist vorbei.
Etwas ist abgeschlossen.
Es ist nur ein Buch.

Das Buch des Lebens
bleibt dennoch aufgeschlagen.
Es schreibt sich weiter. –

Wie du dich lautlos
in unsere Herzen schriebst –
so schreibt es sich – fort. –

30. April 2021

Heimkehr / In eine Sphäre aus Licht

Du bist heimgekehrt
in eine Sphäre aus Licht
jenseits der Wolken

das sie doch durchdringt
und sich nicht aufhalten lässt
wie nichts auf der Welt.

Du bist heimgekehrt
in eine Sphäre aus Licht
das uns doch erreicht.

30. April 2021

Die Schönheit, der Schmerz / Die Schönheit der Welt

Dein langes Leben
war von Schönheit und doch auch
von Schmerzen erfüllt.

Wie jedes Leben
umfasste deines: beides –
die Schönheit, den Schmerz.

Die Schönheit hast du
gesehen und gewürdigt –
die Schönheit der Welt.

Die Schmerzen hast du
geduldig ertragen – wie
auch den Schmerz der Welt.

Du warst keine, die
die Welt verändern wollte.
Sie sind wie sie sind –

schienst du zu denken –
die Schönheit, der Schmerz und wir
einfachen Menschen –

30. April 2021

die beides tragen –
die beides in uns tragen –
die Schönheit, den Schmerz.

1. Mai 2021

Die Welt verbessern? / Einfach nur da sein.

Nein, du warst kein Mensch –
der die Welt verändern und
verbessern wollte –

und doch: dein Dasein
hat diese Welt verändert
und auch: verbessert!

Dies war dein Beitrag:
dein einfaches und schlichtes
und schönes Dasein –

so unaufgeregt,
gelassen und bescheiden –
das die Welt annahm –

wie sie nunmal war
und doch auch veränderte –
und schöner machte. –

Du fügtest dem Schmerz
dieser Welt soviel Schönheit
und Liebe hinzu –

1. Mai 2021

so unaufgeregt –
gelassen und bescheiden
und warm wie du warst. –

1. Mai 2021

In der Einfachheit

Du warst einfach da –
warst einfach wie du warst und
darin lag Schönheit –

in der Einfachheit
mit der du beides annahmst –
die Schönheit, den Schmerz.

In der Einfachheit
liegt doch auch oft: die Weisheit
und immer: Schönheit.

1. Mai 2021

Die Heilerin

Schmerzen nahmst du hin
oder behandeltest sie
mit Bienensalbe

und Murmeltierfett.
Die Natur war stets dein Arzt
und dein Assistent –

war die, die dir half –
wie du sehr genau wusstest
und: die Heilerin.

1. Mai 2021

Ins Schwarze treffen? / Ins Bunte treffen / Nun – in der Stille

Vereinfache ich
im Nachhinein dein Leben?
Reduziere ich –

dein langes Leben
auf zu wenige Worte?
Ich umkreise es –

und umrahme es,
umrunde es mit Worten –
die nicht ins Schwarze

treffen, weil da nichts
Dunkleres in dir war als
die Trauer, der Schmerz –

die doch nicht dunkel
sind, wenn sie so gelassen
getragen werden –

wie du beide trugst!
Meine Worte treffen nicht –
ins Schwarze – und doch

umrunden sie dich –
und umkreisen dein Leben
das rund und bunt war!

Ich umkreise dich –
und in der Mitte ruhst du
nun: in der Stille.

1. Mai 2021

Einfache Weisheit / Und kein Ende

Niemals hieltest du
den Tod für einen Skandal –
denn du wusstest: Er

gehört zum Leben
und erwartet uns alle
– ereilt uns alle –

– früher oder spät –
und dich ereilte er spät.
Er ließ dir viel Zeit

und ließ dir die Zeit
deine Weisheit zu teilen
die so einfach war.

Du warst verwurzelt
in deinem tiefen Glauben
und wusstest: der Tod –

– ereilt uns alle –
wann immer er will – und er –
ist nicht: das Ende! –

2. Mai 2021

Aufbruch und Annäherung

Dein Aufbruch ins Licht
war eine lange Reise,
gut vorbereitet.

Der Aufbruch ins Licht
beginnt genau genommen
schon, wenn wir das Licht

der Welt erblicken –
denn von diesem Zeitpunkt an
sind wir doch sterblich –

und doch: nicht sterblich –
wenn wir das Jenseits als Licht
betrachten können –

das niemals erlischt.
Und so betrachtet brechen
auch wir – auf – ins Licht.

Tag für Tag für Tag
nähern wir uns diesem Licht –
in dem du nun bist. –

2. Mai 2021

In jeder Träne

In jeder Träne
spiegelt sich nun dieses Licht
das niemals erlischt!

2. Mai 2021

Zuhause – im Licht

Sicher geborgen
bist du nun angekommen –
zuhause – im Licht.

Inhalt

hannahbuchholz.de

Schillo Verlag
Orleansstr. 43
81667 München
www.schillo-verlag.de

ISBN: 978-3-944716-53-4